AF262364

ADVIS D'ANGLETERRE, ENVOYÉ EN FRANCE PAR LES COMMVNES DE LONDRES, AV CARD. MAZARIN.

Luy representant l'Histoire de Gauerston, Fauory d'vn de leurs Roys, & les malheurs qui luy sont arriuez, sur le mesme suiet d'vne guerre qu'il exerce aujourd'huy.

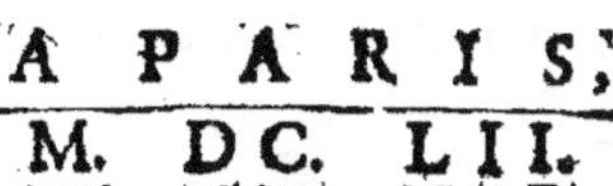

A PARIS,

M. DC. LII.

ADVIS D'ANGLETERRE,

enuoyé en France par les Communes de Londres, au Cardinal Mazarin, luy representant l'Histoire de Gauerston, Fauory d'vn de leurs Roys, & les malheurs qui luy sont arriuez, sur le mesme suiet d'vne guerre qu'il exerce aujourd'huy.

E n'est pas d'auiourd'huy qu'il se rencontre des hommes qui courent en ce monde vne semblable fortune, ou pour le moins il s'y trouue si peu de chose à redire, que ce n'est seulement que pour confirmer le prouerbe, qui dit que toute comparaison cloche, c'est à dire qu'il n'y en a point de si exacte, qu'elle ne soit dissemblable en quelqu'vne de ses parties. Vne circonstance toute seule est capable de changer vne affaire de face, & de faire qu'il y ait de la disproportion, soit par les lieux ou par les temps, & pour tout dire, il ne se fait point d'action au monde, où il n'y ait de la dissemblance, si conforme qu'elle puisse estre, comme il ne se trouue point de visages qui se rapportent, de sorte, qu'il n'y ait quelque trait qui soit dans l'vn, & qu'il ne pa-

roiſſe pas dans l'autre. Mon deſſein donc eſt de compaꞏ
rer deux Tyrans enſemble, dont l'vn a autrefois regné
dans l'Angleterre ſous l'authorité du Roy, duquel il
eſtoit fauory, & qui repreſente tellement Mazarin, par
ſon orgueil & par ſon impertinence effrenée qu'il fit
paroiſtre ſur la Nobleſſe & ſur le peuple, qu'il y a peu
de choſe à dire à leurs actions, de ſorte qu'il ne reſte
plus que la fin de celuy qui vit à preſent en France, à ſçauoir, pour les comparer de tout point. Mais comme les
actions de la vie font le chemin, & les preparatifs à la
mort, il eſt à iuger que le celle du Mazarin ne doit eſtre
que funeſte, puis qu'il n'opere rien que de funeſte & de
deplorable.

Du temps de Henry Roy d'Angleterre, il y auoit vn
Gentil-homme nommé Gauerſton, dont la probité
finguliere iointe à la ſageſſe & à l'erudition le faiſoient
admirer non ſeulement du Roy, mais auſſi de toute la
Cour. Il eſtoit ſorty de Gaſcongne ſon pays, & s'eſtoit
mis à ſeruir ce Prince pour s'auancer prés de luy, auſſi
ne manqua t'il pas d'y trouuer vne fortune comme il
l'auoit deſirée, car lors que le Roy eut vn fils, il luy en
donna le Gouuernement, dont il s'acquitta auec vn ſi
grand auantage, qu'il paruint aux plus belles charges,
& eut tout le credit dans la Cour qu'vn homme de bien
comme luy pouuoit eſperer au milieu d'vne ſi belle fortune: il ne manqua pas de partis aduantageux pour ſe
marier, & eut à la fin vn fils lequel heritant du nom de
ſon pere, n'herita pas de ſes belles perfections, mais il
ſe rencontra le plus orgueilleux & le plus inſolent qui
euſt iamais paru ſur la terre. Comme il eſtoit du meſme
aage que le fils du Roy, il fut auſſi nourry auec luy, de
ſorte que le petit Prince conceut inſenſiblement pour
luy tant d'affection & d'amour qu'il ne pouuoit viure
ſans eſtre en ſa compagnie, & ſans l'auoir aupres luy.

Le

Le Roy conneut bien cette affection, & comme il auoit
obserué l'arrogance de ce petit Gauerston, il reprit
plusieurs fois son fils de s'attacher si fort à vn enfant si
sot & si presomptueux, mais ses remonstrances furent
inutiles & ne seruirent de rien, l'amitié à des liens trop
forts pour se rompre si aisement, & celle là deuint si
puissante, qu'elle surpassa toutes celles qui l'auoient
precedée, & trouua, s'il faut ainsi dire, sans exemple
cependant le Roy vint à deceder, apres aussi que Gauerston eust esté priué de son pere, & ce fut alors que le
legitime heritier de la Couronne, commençant d'a-
uoir le commandement, commença aussi de faire es-
clatter la passion qu'il auoit pour son Gauerston. Lors
qu'il fut en aage de pouuoir luy conferer des honneurs,
il se remplit de tant de dignitez & de tant de charges,
qu'il possedoit seul autant qu'elles eussent esté capa-
bles d'en rassasier beaucoup d'autres, & entre autre
chose il luy donna le Ministere de l'Estat, & le con-
stitua Chef de son Conseil & de ses desseins. Voicy le
coup dont le miserable fut aueuglé plus qu'auparauant, car lors qu'il se vit eleué dans vn si haut degré, &
qu'il eust le pouuoir sur tout le Royaume, il commença tellement à se m'econnoistre qu'il ne faisoit plus d'e-
stat non seulement du peuple, mais aussi de la Noblesse
qu'il mesprisa iusqu'au dernier point, & se presuma de
luy oster le pouuoir & l'authorité afin d'estre plus ab-
solu, & de n'auoir plus personne qui le contredist. De
plus son auarice monta si haut, & se porta à tant d'excez & à tant d'outrages, qu'il mettoit toute pierre en
œuure pour accumuler thresors sur thresors, & amassa
des richesses, sans nombre aux despens de tous les Estats
du Royaume. Pendant toutes ces façons de faire, ceux
qui se trouuoient scandalizés de ce procedé, ne man-

quoient pas de remonſtrer au Roy , le danger qu'il y
auoit de permettre qu'il auançaſt d'auantage : & luy
perſuadoient de couper la broche à tant d'iniuſtices &
d'extorſions qui ſe commettoient par ce Fauory , mais
bien que le Roy luy remonſtraſt pluſieurs fois qu'il ne
faiſoit pas bien de ſe faire hayr de ſes ſuiets , il ſecoüoit
l'oreille à toutes ſes remonſtrances , & ne s'en faiſoit
que mocquer. Enfin apres auoir tanté toutes ſortes de
moyens pour faire que le Roy luy arrachaſt le Miniſte-
re , & luy oſtaſt le pouuoir (qui eſtoit le ſeul remede à
tous ces deſordres) l'indignation de tous les premiers
de l'Eſtat paſſa ſi auant , qu'on ſe reſolut de ſupplier
tres-humblement le Roy de le vouloir eſloigner de luy,
ce que l'on redoubla pluſieurs fois auec des inſtances
qui teſmoignoient bien les reſſentimens de chacun. Le
Roy qui craignoit qu'on ne fiſt quelque violence à ſon
Fauory, en ſuitte de tous ces teſmoignages de mau-
uaiſe volonté qu'on auoit pour luy, ſe reſolut de luy
faire commandement de ſe retirer, non pas que ſon
amitié fuſt en quelque façon refroidie, mais il ſe repre-
ſentoit deuant les yeux le pouuoir qu'il auoit de luy
continuer ſes faueurs en quelque part qu'il allaſt. Il
fallut donc tout d'vn coup que Gauerſton ſe reſolut de
partir, le Roy luy aſſigna la Gaſcogne, (lieu où ſon
pere auoit pris naiſſance) pour ſe retirer. Le voila ſur le
chemin d'y aller : mais, helas ! quels tranſes & quels
tranſports n'eſprouua-t il point. Il eſt dans le deſeſpoir,
il ſe remet deuant les yeux ce qu'il quitte, les honneurs
qu'il perd, les richeſſes qui'l ne peut plus amaſſer , &
bref la paſſion & la rage le ſaiſiſſent de ſorte, qu'au lieu
d'obeyr aux commandemens du Roy , ſans ſe ſoucier
de ce qui luy en pouuoit arriuer, il ſe reſolut de retour-
ner ſur ſes pas , & de s'aller reietter dans ſes bras. Il en-

uoya quelqu'vn des fiens qu'il eftimâ le plus adroit
pour ce fujet là, & pour reprefenter à fon Maiftre qu'il
ne pouuoit viure fans luy, que fon abfence luy caufe-
roit mille morts : & bref, il luy fceut fi bien reprefenter
fon affaire, que le Roy permit qu'il reuinft, & le receut de bras ouuerts, le replaçant dans toutes fes dignitez, & dans tous les honneurs qu'il auoit quittez,
s'imaginant que fa difgrace luy feruiroit de confeil,
pour fe mieux comporter à l'aduenir, & afin de luy en
donner le fuiet, il luy pratiqua vn mariage auec vne des
plus nobles & des plus riches filles de fon Royaume.
Mais il eft plus aifé de dompter des Tygres & des
Lyons, que de vaincre vn auaricieux & vn fuperbe,
tant les deux fortes de vices prennent racine dans vne
qui en eft vne fois touchée. La reftitution des honneurs, & cette auantageufe alliance ne feruirent que
de matiere, pour rallumer la conuoitife de ce fauory,
il fut plus infupportable qu'auparauant, & pour abre-
ger mon difcours, il tira fi bien dans fes coffres toutes
les richeffes des particuliers, que le Roy mefme s'en
reffentit, & demeura fi incommodé, qu'il ne pouuoit
fournir à la defpenfe de fa maifon. La Nobleffe qui fe
voyoit mefprifée plus qu'auparauant, fe refolut de fe
plaindre. Les Parlemens & les peuples fe ioignent auec
eux, & va t'on remonftrer au Roy le cours de ces affaires fi preffantes, & que s'il n'y vouloit donner bien-
toft du remede, le mal deuiendroit fans doute incur-
rable. Le Roy fait la fourde oreille, & prenant plus
de pitié de fon fauory que de fes fuiets, il mefprife les
aduertiffemens qu'on luy donne. La Nobleffe au con-
traire fe refout d'en venir à bout, on leue les armes
contre le Roy, qui fut inopinément contraint de fe retirer de fa ville de Londres, & de fe retirer prompte-

ment auec Gauerfton, & quelque petite poignée de
gens de guerre qu'ils peurent amaffer à la hafte ; On les
pourfuit viuement, & font deffaits en plufieurs rencon-
tres. Le Roy dans fe sentrefaites fe trouue plus empefché qu'il ne l'auoit efperé, il n'a plus ny de foldats,
ny d'argent, en diuerfes occafions il fe voit bien en
danger de fa perfonne, & ne void point d'autre moyen
pour fe reparer, que d'abandonner Gauerfton ; car
comme il fe fut ietté par neceffité dans vn Chafteau
affez fort, où neantmoins il auoit fort peu de monde
pour fa deffenfe, il fe refolut de l'abandonner, & d'y
laiffer Gauerfton à la difcretion de la fortune & du fort,
fe contentant de l'auoir deffendu tant qu'il en auoit eu
le pouuoir. Et puis il n'y a point de doute que les diffi-
cultez où il fe trouuoit, ne luy fiffent iuger tout à coup
de l'impertinence de fon fauory, & qu'il eftoit temps
qu'il l'abandonnaft pour fonger à fa propre conferua-
tion : car fans doute il n'y a rien de fi propres pour nous
faire fonger à nous, que les pertes & les dangers.
Gauerfton eft donc delaiffé du Roy, fans autre azyle
ny autre deffenfe que les murailles où il eftoit enfer-
mé, il eft affiegé par fes ennemis, qui le prennent enfin
par la force, & pour vn exemple memorable à toute la
pofterité ; Le menent à Londres, & luy oftent la tefte
de fur vn efchaffaut, fans auoir efgard à la perte que
faifoit fa femme, & fans aucune confideration de fes
pleurs, ny de fes prieres, ny mefme de l'authorité de
toute fa race. Cette action eftant faicte, chacun fe re-
mit auffi-toft fous l'obeyffance du Prince, qui fe ral-
liant auec fes fuiets, demeura fatisfait de leur procedé,
perdant le fouuenir de ce miferable fauory, qui luy
auoit caufé tant de pertes, tant de dommages, & tant
de troubles, par fon ambition & fon auarice.

Aduis

Aduis au Cardinal Mazarin , fur l'Hiftoire
de Gauerfton.

IE vous ay voulu raconter cette Hiftoire en peu de
paroles , afin d'en tirer la comparaifon que vous en
pouuez efperer. Pour ce qui eft de la naiffance du Cardinal Mazarin , & des qualitez , & de la condition de
fon Pere & de fes Parens il n'eft pas befoin d'en parler
icy, puis que vous auez eu plufieurs pieces qu'on en a
compofee tout exprés. Ie pafferay donc à ce qui le re-
garde luy mefme. Vous fçauez bien le fujet qui l'a ame-
né en France, & qu'apres auoir pacifié quelques troubles qui s'eftoient efmeus en Piemont, & empefché
les deux armées de fe chocquer, la bonté du Roy def-
funt fut telle pour luy, qu'il le fit venir à fa Cour, & luy
donna fa faueur en forte, que par le moyen mefme du
Cardinal de Richelieu, il luy a fuccedé depuis la mort
de ce grand Monarque. Vn des plus fignalez bon heur
qu'il receut, ce fut d'eftre fait le Parrain du Roy, ti-
tre qui l'a depuis conferué dans fa tyrannie, car fe pré-
ualant de la ieuneffe du Prince , de la fimplicité de la
Reine, qui penfoit veritablement trouuer quelque
fupport en luy, pour la bonne adminiftration du Royaume, il s'eft feruy de tant de preftiges par luy mefme,
& par vne infinité de Partifans qu'il a fomentez, qu'il
s'eft infinué dans les efprits de leurs Majeftez auec
tant de puiffance & tant de force, qu'auiourd'huy on ne
l'en fçauroit louer, à la perte & à la ruine de tout cet
Eftat, de mefme que Gauerfton eftoit dans l'imagina-
tion du Roy d'Angleterre. De plus qui eft celuy qui
ne connoift pas euidemment fon orgueil , fon orgueil en ce qu'il a voulu meftrifer les Princes , & a-

mesme attenté deſſus leurs perſonnes en les faiſant te-
nir priſonniers, Premierement en la perſonne de Monſieur de Beaufort, puis en celle de Monſieur le Prince,
& les auroit ſans doute perdus, s'il n'en auoit eſté em-
peſché par vn ſecret du Ciel, qui nous les a gardez
pour nous deffaire de ce miſerable tyran : Que ſi par ce
moyen ſon orgueil ne cede en rien à celuy à qui nous
le comparons, eſt-il pas vray que ſon auarice eſt pour
le moins auſſi dangereuſe pour nous, puis qu'il à celle-
meſme eſpuiſé le Royaume, qu'on peut dire qu'autant
de particuliers qu'il y ſont, ſont autant de neceſſiteux
& de pauures, & que contre la volonté meſme de Dieu,
qui par ſa liberalité accouſtumée, nous auoit preparez
des fruits ſur la terre, que ce miſerable tyran fait tous
les iours, De ſi grandes & de ſi baſſes compagnies,
ſemblent nous reprocher iuſtement l'ingratitude de ce
Miniſtre vindicatif & ialoux, en ſe plaignant que leur
fecondité nous eſt inutile ; ils nous diſent en leur lan-
gage muet, que ce n'eſtoit pas leur attente que le la-
boureur fuſt fruſtré d'vne ſi foiſonneuſe moiſſon.
Qu'ils n'auoient pas ſouffert la charruë & la houë,
pour ſe voir dépoüillez auparauant la ſaiſon, & que
les biens qu'ils auoient produit en ſi grande abondan-
ce, n'eſtoient pas ſortis de leur ſein pour eſtre foullez
par les pieds des hommes, & par ceux des cheuaux,
auparauant que le temps les euſt mis en maturité. Ce
ſont là les beaux effets d'vn tyran, qui ne ſe contentant
de nous auoir ſuccez iuſqu'aux os, & de nous auoir en-
leué tout ce qui pouuoit tomber dans ſes mains ou
dans celles de ſes adherans, voudroit encore nous ra-
uir la vie s'il eſtoit poſſible, & nous arracher tout ce
qui eſt neceſſaire pour la conſeruer. Se peut-il trouuer
vne auarice plus damnable & plus perilleuſe que celle-

là. N'est-ce pas faire la guerre au Ciel & aux hommes
que d'y proceder de la sorte. Mais venons à ce qui tou-
che le Roy ; iamais Gauerston a-t'il eu l'audace d'enleuer le Roy de son Louure, & de le mener hors des
murailles de sa capitale ? C'est icy pour la seconde fois
que le Mazarin a eu l'impudence d'enleuer le Roy de
sa bonne ville de Paris, qui gemit sans cesse & qui se
consume de regret & de desplaisir pour vne absence si
fascheuse & insupportable. Il a plus fait mille fois que
ie ne puis dire, il ne s'est pas contenté d'vn enfant, il
s'est fait accompagner de la mere & de l'autre frere,
afin qu'il ne restast plus rien à ceux qui voudroient de-
fendre le Roy & l'Estat ; Il s'est promené comme
triomphant d'vn gain si precieux & si cher, & aug-
mentant tousiours la superbe & son insolence, il a fait
voir à toute la France ce qu'il nous auoit derobé, non
pas pour s'en seruir à vn bon sujet, & comme d'vn legitime pretexte ; mais pour leur faire voir à eux-mes-
mes, & deuant leurs yeux la desolation de leurs peuples, & se seruir de leur propre main pour les ruiner.
Gauerston fus attaqué par les nobles d'Angeterre, &
le Mazarin est auiourd'huy poursuiuy par les Princes,
lesquels entreprenant la cause du Roy, la leur propre,
& celle des peuples, employent tout leur pouuoir pour
se vanger de ce superbe tyran, dont l'effronterie est
telle qu'il ose leur resister, Voulez-vous voir vne effronterie plus qu'insupportables. De mesme que Gauerston auoit esté congedié de son maistre pour se retirer hors de son Royaume ; Le mazarin estoit sorty
hors de France, pour n'y iamais remettre le pied,
comme il y auoit apparence, mais se voyant esloigné
des moyens d'assouuir son auarice & son ambition, il a
aimé mieux tout risquer que de se voir priué d'vne

chofe qui luy eſt ſi douce & ſi agreable, que de piller
& de prendre par tout où il peut en trouuer. Inſa-
tiable auarice que tu es vn inſupportable venin dans
le cœur des hommes, & que ceux qui ſe laiſſent aller à
tes charmes, ſe voyent enfin trompez, puis qu'au lieu
de ce que tu leur fais eſperer, ils ne trouuent enfin dans
leurs mains qu'vn petit de vent, ou pour mieux dire,
ils ne treuuent rien du tout, puis qu'vne mort le plus
ſouuent honteuſe & infame, comme nous l'auons déja
veu de nos iours, eſt le prix de ce que tu nous as pre-
ſenté.

Amy Lecteur, voyez ce diſcours auec attention.

Iuſques icy, i'ay conduit m'a comparaiſon de
fil en eſguille, & de peur d'ennuyer mon Lecteur, ie l'ay tranchée le plus court qu'il m'a eſté
poſſible, n'eſtans pas beſoin de s'eſtendre dans
vne choſe ſi viſible & ſi renommée de tous; mais
pour ce qui eſt à venir, ie ne ſçaurois porter mon
iugement ſi ayant que de ſçauoir ce qui en pour-
ra arriuer. Dieu qui ſe reſerue le futur en a la
conhoiſſance luy ſeul; mais neantmoins s'il eſt
permis de iuger de l'aduenir par les circonſtan-
ces, ie puis aſſeurer que la mort du Mazarin ne
ſera pas moins violente, n'y moins funeſte que
celle de Gauerſton, puis que ſa vie n'eſt pas meil-
leure, & ſi l'actiome eſt veritable, qui dit, telle
vie, telle fin; Ioint que ſçachez minement des

affaires,

affaires, ne sçauroit que luy promettre du mal,
puis que ceux qui l'entreprennent contre luy ont
de leur costé la iustice, & que les forces ne leur
manquent pas pour executer, Monseigneur le
Duc d'Orleans à l'ame trop bonne, & ses desseins sont trop raisonnables , pour ne se pas
opposer de toutes ses forces à l'impieté d'vn
meschant, pour s'aggrandir de nos pertes, n'a
pas esté content de tirer à luy tous les tresors
de la France tant Ecclesiastiques que Seculiers,
mais aussi qui ne pouuant mettre sur sa teste
la Couronne des François, s'est saisi du Roy,
de la Reine, & du second heritier du Royaume, iouyssant par ce moyen là de ce qu'autre-
ment il n'oseroit esperer. Monseigneur le Prince, & tous ceux qui ont interest aux auanta-
ges de la Maison Royale sont aussi iustes pour
laisser de si lasches actions impunies, & pour
ne pas continuer les desseins qu'ils ont faitiuf-
qu'icy paroistre, de poursuiure vn si lasche, &
vn si meschant rauisseur , qui ne merite pas
moins qu'vne mort & que des suppliez, qui
n'ayent iamais esté pratiquez, par les plus grands
tyrans de la terre: Et s'il m'est permis de t'ex-
horter, ô France ma chere patrie , & s'il est
vray que ie ne sçaurois me departir de tes in-

terefts, ie te fupplie à mains iointes, comme
vn de tes plus affectionnez nourriffons, de
pourfuiure ce Monftre hideux de toutes tes forces, & de ne le pas efpargner, afin qu'en ayant
obtenu l'auantage fous la fage conduitte de tes
Princes, tu le puiffe enfin reduire aux abbois,
& le punir de tant d'excez & de tyrannies,
& de tant de crimes, qu'il a exercez fur luy vn
Roy, & fur toute l'eftenduë de tes Prouinces,
& de tes diuerfes contrée, fe fera l'afcheue-
ment de ma comparaifon, fi tu luy vois fouf-
frir vne mort cruelle, & le contentement de
tous les gens de bien qui font dans ton fein.
En fuite nous les reuerrons enfin reuenir dans
fa bonne ville, comme nous l'auons toufiours
defiré, & chacun dans vne intelligence agreable fe remettra dans fes fonctions & dans fes
deuoirs, gueriffant par ce moyen là toutes les
defectuofitez qui font maintenant dans l'Eftat.